AF234321

ACTE DE SOCIÉTÉ

DES

AUTEURS & COMPOSITEURS

DRAMATIQUES

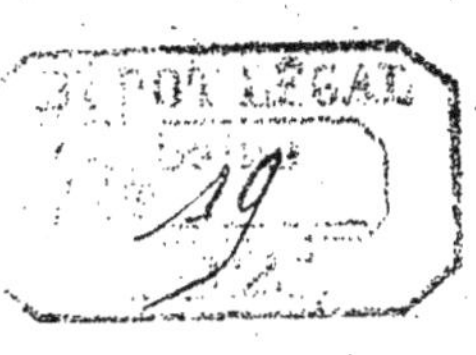

Passé devant M⁵ **THOMAS** et son Collègue, Notaire à Paris
le 21 Février 1879 et jours suivants

Modifié par acte devant M⁵ **GARANGER**, Notaire à Paris
le 17 Mars 1904 et jours suivants

et actes déposés à M⁵ **CHAVANE**, Notaire à Paris
le 27 Mars 1911, le 20 Octobre 1919 et le 29 Octobre 1920.

SIÈGE DE LA SOCIÉTÉ

PARIS — 12, Rue Henner — PARIS

EXEMPLAIRE REMIS

à M

le

ACTE DE SOCIÉTÉ

DES

AUTEURS ET COMPOSITEURS

DRAMATIQUES

Passé devant Mᵉ **THOMAS** et son Collègue, Notaires à Paris
en date du 21 Février 1879 et jours suivants

Modifié par acte passé devant Mᵉ **GARANGER**, Notaire à Paris
en date du 17 Mars 1904 et jours suivants
et actes déposés à Mᵉ **CHAVANE**, Notaire à Paris, le 27 Mars 1911,
le 20 Octobre 1919 et le 29 Octobre 1920

ARTICLE PREMIER.

Il est formé entre les Auteurs et Compositeurs dramatiques une Société qui commencera le 1ᵉʳ Mars 1879, avec les dispositions ci-après.

ART. 2.

Cette Société existera entre tous les signataires du présent et ceux qui adhéreraient dans les formes indiquées à l'article 29, et comme Société civile, conformément au chapitre III du livre III du titre IX du Code civil, sous le nom de : *Société des Auteurs et Compositeurs Dramatiques*.

ART. 3.

Le Siège de la Société est établi à Paris. Tous actes concernant la Société seront valablement signifiés au siège social (12, rue Henner).

Art. 4.

La durée de la Société est fixée à vingt-cinq années, à partir du 1er Mars 1879. La Société a été prorogée pour une nouvelle période de vingt-cinq années à partir du 1er Mars 1904, ainsi qu'il est établi par l'acte passé devant Me Garanger, notaire, les 27 Mars 1904 et jours suivants.

Art. 5.

Objet de la Société.

L'objet de la Société est :

1° La défense mutuelle des droits des Associés vis-à-vis des Administrations théâtrales ou de tous autres en rapport d'intérêt avec les Auteurs ;

2° La perception des droits des Auteurs vis-à-vis des Administrations théâtrales, à Paris, dans les départements, à l'étranger, partout enfin où la perception peut ou pourra s'exercer légalement, en vertu de traités généraux passés avec la Société et la mise en commun d'une partie de ces droits; toutefois, en ce qui concerne les pays étrangers où la propriété littéraire n'était pas encore reconnue aux membres de la Société à la date du 1er Janvier 1910, la Commission sera autorisée à passer avec tous tiers des traités généraux au nom de tous les Membres de la Société ;

3° La création d'un fonds de secours au profit des Associés, de leurs veuves, héritiers ou parents ;

4° La création, au profit des *sociétaires* et des *stagiaires professionnels* d'une caisse de pensions de retraite, quand les ressources de la Société le permettront.

5° La création d'un fonds commun de bénéfices partageables.

Art. 6.

Fonds social.

Le fonds social se compose :

1° De l'apport de chacun des Sociétaires, ainsi qu'il sera dit en l'article 28 ;

2° Du pourcentage prélevé sur les produits bruts des représentations de leurs œuvres, tant à Paris que dans les départements. à l'étranger, partout enfin où la perception peut ou pourra s'exercer légalement en vertu de traités généraux passés avec la Société.

3° Du pourcentage prélevé sur la remise attribuée aux Agents directeurs pour la perception des droits d'Auteurs à l'étranger, en raison de tous traités particuliers passés par leur intermédiaire;

4° Du pourcentage prélevé sur le produit brut des traités particuliers passés par les auteurs à l'occasion d'œuvres ou d'adaptations cinématographiques avec l'approbation de la Commission en exécution de l'article 17 *bis*.

5° Du produit des représentations et redevances quelconques consenties par les divers théâtres en vertu des traités;

6° Des bénéfices de toute nature que la Société pourra faire et de tous avantages généralement quelconques;

7° Et enfin des revenus non dépensés, provenant des sommes placées, quand le partage n'en sera pas décidé.

Art. 7.

Dépenses sociales.

Les charges de la Société se composent :

1° Des frais généraux de recouvrement et des frais imprévus après approbation de la Commission.

2° Des frais judiciaires ou autres nécessités pour la rédaction et le maintien des traités, la défense des droits de la Caisse et de ceux des Associés contre les théâtres et tous autres ayant des intérêts avec les Auteurs et Compositeurs.

3° *Des dépenses exceptionnelles qui seront proposées par la Commission à l'Assemblée générale.*

Toutes les dépenses acquittées, l'excédent des recettes sera converti en rentes sur l'État ou en autres valeurs solides, au profit de la Société.

Art. 8.

Bénéfices à partager.

Les bénéfices à partager se composent des revenus non dépensés des fonds placés au profit de la Société.

Ces bénéfices seront partagés au marc le franc et au prorata des versements faits par les copartageants en raison des prélèvements effectués sur les droits d'auteurs, aux termes de l'article 10 ci-après.

Ce partage aura lieu sur la proposition qui sera faite à l'Assemblée générale par la Commission lorsqu'elle le jugera convenable, et à la condition que l'adoption en sera votée par les deux tiers des Sociétaires en possession du droit de vote, ou consentie par eux par adhésion postérieure.

Art. 9.

Participation de chaque Membre de la Société aux charges sociales.

Les charges à supporter par chacun des associés ne pourront jamais dépasser le montant de la retenue effectuée pour le fonds social.

En conséquence, dans tous actes portant engagement de la Société envers les tiers, il devra être fait mention du présent article.

Art. 10.

Perception du droit des Auteurs et Compositeurs et retenues.

Tous les droits dus aux auteurs et compositeurs, membres de la Société, pour la représentation de leurs œuvres, c'est-à-dire les produits de toutes sortes résultant soit des traités généraux passés avec la Société, partout où la perception peut ou pourra s'exercer légalement en vertu des traités généraux et à l'étranger dit extraordinaire, soit en ce qui concerne les œuvres cinématographiques ou toutes adaptations au cinéma d'œuvres dramatiques ou littéraires, et jusqu'à ce qu'il existe pour ces œuvres ou adaptations des traités généraux, en vertu des traités particuliers passés par les auteurs avec l'approbation de la Commission conformément à l'article 17 *bis*, seront, sous la surveillance de la Commission, perçus par les agents directeurs seuls responsables.

Il sera prélevé sur les produits du droit d'Auteur :

1° Un pourcentage pour les charges sociales, la Caisse de

secours, celle des pensions et le fonds commun de bénéfices partageables.

2° Les frais de perception attribués aux Agents directeurs dans la proportion et suivant la quotité existante.

Art. 11.

Administration de la Société.

La Société est administrée par un Conseil, sous le titre de : Commission des Auteurs et Compositeurs dramatiques.

La Commission est autorisée à choisir, au nom de la Société :

1° Les Conseils de la Société; 2° deux mandataires qui prendront le nom d'Agents directeurs; 3° un Contrôleur; 4° un Caissier principal.

Art. 12.

La Commission se composera de 15 Membres; dits Commissaires, 12 Auteurs et trois Compositeurs nommés par l'Assemblée générale ordinaire.

Ils seront élus pour trois ans et leur renouvellement aura lieu par tiers tous les ans, à raison de quatre Auteurs et un Compositeur.

Les candidatures aux élections seront posées par lettre adressée au Président de la Société. Celles qui auront été déclarées quinze jours avant l'Assemblée générale bénéficieront de l'affichage dans les agences. Toute lettre sollicitant un suffrage est strictement interdite sous peine d'inéligibilité.

La Commission pourra être dissoute par l'Assemblée générale des Sociétaires ayant le droit de vote, qui devra immédiatement procéder à la recomposition de la Commission.

Les Membres de la Commission dissoute pourront être réélus.

Si tous les Membres de la Commission veulent donner leur démission, ils ne pourront le faire que dans l'Assemblée générale, qui procédera immédiatement à l'élection de la Commission; dans ce cas, les Membres démissionnaires pourront être réélus, et leur sortie par tiers sera réglée par le sort en Assemblée générale.

En cas de démission partielle donnée en Assemblée générale,

le remplaçant sera nommé par l'Assemblée générale pour compléter la durée des fonctions du démissionnaire.

Si par décès ou démission partielle survenus dans l'intervalle des Assemblées générales, le nombre des Membres de la Commission n'est pas réduit au-dessous de dix, la Commission pourra continuer valablement ses travaux, sans procéder aux remplacements; ou bien remplacer les Membres démissionnaires ou décédés par ceux des Sociétaires qui auront réuni le plus de voix dans la dernière élection.

Seront considérés comme démissionnaires les Membres qui n'auront pas assisté aux réunions de la Commission pendant plus de trois mois, sans excuses jugées valables par la Commission; dans le cas où, par décès ou démission, la Commission serait réduite à moins de dix Membres, les Membres restants convoqueront immédiatement une Assemblée générale pour pourvoir aux remplacements.

Art. 13.

Ne pourra faire partie de la Commission qu'un auteur ou un compositeur sociétaire ayant eu au moins, pour sa part, quinze actes joués à Paris sur des théâtres classés ou trente actes dans des music-halls classés.

Toutefois, pour les compositeurs, le minimum est réduit à huit actes, lorsque ces huit actes auront été représentés sur des scènes lyriques classées.

La liste des scènes classées sera établie chaque année par la Commission, un mois avant l'Assemblée générale ordinaire.

Ne pourront faire partie de la Commission :

1° Les Sociétaires qui seraient directeurs, administrateurs, secrétaires généraux, artistes ou régisseurs dans un théâtre.

2° Les éditeurs de musique, et en général tout intermédiaire intéressé dans l'exploitation, sous quelque forme que ce soit, des œuvres théâtrales.

Seront démissionnaires d'office, ceux des Membres de la Commission qui, au cours de leurs fonctions, viendraient à se trouver dans un des cas ci-dessus ou ceux qui feraient jouer en collaboration avec un Directeur une pièce dans un théâtre.

Exception à cet article pourra être faite pour les théâtres lyriques, en ce qui concerne les compositeurs ayant dans ces théâtres une fonction artistique rétribuée autre que celle de Directeur.

Art. 14.

Les délibérations de la Commission seront prises à la majorité des Membres présents. La Commission ne pourra délibérer valablement qu'au nombre de sept Membres au moins. En cas de partage, la délibération sera renvoyée à la séance suivante ; en cas de nouveau partage à cette dernière séance, la voix du Président sera prépondérante.

Un règlement fait par la Commission sur le mode de délibération et sur les amendes est déclaré obligatoire pour tous les Membres de la Commission ; il pourra être modifié par elle dans l'intérêt de ses travaux.

Art. 15.

Attributions de la Commission.

La Commission administrera les affaires de la Société et la représentera dans toutes les conventions, tous les actes, procès, contestations et circonstances qui l'intéresseront.

Elle traitera, contractera, plaidera, transigera et compromettra au nom de la Société, et fera tous actes d'administration ; elle fera avec toutes entreprises théâtrales les traités qui fixeront les droits des Auteurs et Compositeurs, Membres de la Société ; elle en assurera l'exécution soit de la part des Membres de la Société, soit de la part des Administrations théâtrales. La Commission surveillera la perception des droits d'auteur par les Agents directeurs et leur encaissement par le Caissier de la Société ; elle disposera de tous les fonds sociaux et en réglera le placement, le déplacement et l'emploi ; elle autorisera les dépenses et accordera les secours demandés par les Auteurs ou par leurs veuves, héritiers ou parents ; elle consentira tous transferts de rentes, les signera et en recevra le prix.

La Commission prononcera au nom de la Société sur l'admission des Sociétaires ayant atteint le cens. Elle soumettra au suffrage de l'Assemblée générale ceux des stagiaires qui, n'ayant pas atteint le cens, présenteraient des titres exceptionnels à la qualité de Sociétaire.

En résumé, la Commission est investie des pouvoirs les plus étendus à l'effet de prendre, pour le maintien des traités et la conservation des droits des Membres de la Société et de leurs intérêts. toutes les mesures qu'elle jugera nécessaires vis-à-vis des entreprises théâtrales.

Ces mesures, une fois prises par la Commission, deviendront obligatoires pour tous les Membres de la Société, de même que les dispositions du présent acte.

Néanmoins, avant d'adopter définitivement, soit une réforme de grande administration, soit une modification qui introduirait une clause non encore insérée ou abolirait une clause usuelle dans les dispositions générales des traités existants de la Société avec les directeurs, la Commission devra procéder à la consultation prévue à l'article 22 *bis* ci-après.

Art. 16.

Chacun des Membres de la Société, par le fait de son adhésion au présent acte, donne à la Commission l'autorisation d'introduire et défendre en son nom et à sa requête chaque fois qu'elle le jugera à propos, mais aux frais de la Société, vis-à-vis des entreprises théâtrales, tout procès intéressant la perception de ses droits.

Chacun des Membres de la Société s'oblige formellement à donner connaissance à la Commission de tout autre procès intéressant l'objet de la Société qu'il aurait l'intention d'intenter devant les tribunaux compétents ou contre lequel il aurait à défendre.

Aucun procès ne sera intenté ou soutenu aux frais de la Société qu'après décision de la Commission.

La Commission aura droit, dans tous les cas, de désigner tous agents, avoués, agréés et défenseurs de première instance, appel ou cassation.

Dans le cas où la Commission ne croirait pas devoir intenter de procès aux frais de la Société, ce procès ne lui paraissant pas d'in-

térêt général, l'Auteur ou le Compositeur demeurera libre de le faire
à ses frais, risques et périls.

Art. 17.

Il est interdit à tous les membres de la Société :

De faire représenter comme auteurs, héritiers ou cessionnaires,
aucun ouvrage ancien ou nouveau sur un théâtre ou par une tour-
née qui n'auraient pas de traité avec la Société;

De faire représenter des ouvrages dans un théâtre où ils seraient
directeurs, commanditaires, actionnaires, artistes *à titre fixe ou temporaire*, employés ou intéressés à un titre quelconque, parent ou
allié du Directeur jusqu'au quatrième degré et d'y faire représenter
des ouvrages en collaboration avec les Directeurs, commanditaires,
actionnaires, artistes *à titre fixe ou temporaire*, employés ou intéressés
à un titre quelconque dans ce théâtre, parent ou allié du Directeur
au quatrième degré;

De conclure, pour se faire représenter, avec les administrations
théâtrales, d'une façon directe ou détournée, toutes conventions
particulières impliquant des conditions pécuniaires inférieures à
celles des traités généraux, quelque forme qu'affecte d'ailleurs la
réduction ou la subvention consentie par l'auteur.

Toutes conventions particulières sont en effet licites quand elles
stipulent, au bénéfice de l'auteur, des conditions pécuniaires supé-
rieures à celles établies aux traités généraux.

En cas de suspension ou d'annulation des traités généraux, les
traités particuliers seront également suspendus ou annulés. Il devra
être fait à cet égard une stipulation expresse dans chaque traité par-
ticulier;

De bénéficier de stipulations conclues à leur profit par des tiers
dans des contrats tels que baux, cession de bail, etc., passés avec
des directeurs de théâtre.

Sauf les dérogations suivantes qui sont de droit :

THÉATRES ANCIENS

*Un membre de la Société aura le droit de faire représenter ou
d'interpréter lui-même ses ouvrages dans un théâtre dont il sera le*

directeur ou avec lequel il aura un des autres liens prévus au troisième alinéa du présent article, à condition :

1º Qu'il soit prélevé d'office, au profit de la caisse sociale, un pour cent de la recette de la représentation, y compris les billets de faveur et les billets à droits, mais défalcation faite des impôts et taxes communales ;

2º Qu'il ne monte de lui, dans ces conditions, seul ou en collaboration qu'une seule pièce nouvelle et une reprise par année.

Ces dérogations ne sont admises qu'au profit d'un auteur professionnel, c'est-à-dire de celui qui, avant d'avoir dirigé un théâtre ou eu avec un théâtre un des liens prévus au troisième alinéa du présent article, a exercé notoirement la profession d'auteur dramatique.

Il est interdit à un membre de la Société qui n'a pas la qualité d'auteur professionnel, de faire représenter ses ouvrages sur un théâtre dont il a la direction ou avec lequel il a un des liens prévus au troisième alinéa du présent article. Toutefois, un membre de la Société n'ayant pas la qualité d'auteur professionnel, mais ayant touché, comme membre de la Société des Auteurs et Compositeurs dramatiques, 150.000 francs de droits d'auteur, à la date des présents statuts, aura le droit de faire représenter une pièce ou une reprise par an sur le théâtre ou sur l'un des théâtres qu'il dirigera, ou avec lesquels il aura un des liens prévus au troisième alinéa du présent article. En aucun cas, il ne pourra faire représenter dans ces conditions, plus d'une pièce par an, que cette pièce soit ancienne ou nouvelle, qu'il l'ait écrite seul ou en collaboration et quel que soit le nombre des théâtres dans lesquels il aura des intérêts.

Toute contestation sur la qualité d'auteur professionnel sera tranchée par la Commission.

Si la Commission est requise par un intéressé de se prononcer sur cette qualité, elle sera tenue de donner sa réponse dans un délai de dix jours.

Le nombre d'actes représentés sous le bénéfice des dérogations ci-dessus et le chiffre des droits, ne compteront pas à l'auteur bénéficiaire pour le cens, en vue de son admission au Sociétariat, non plus qu'ils ne compteront pour son ou ses collaborateurs.

THÉÂTRES NOUVEAUX

Tout auteur qui fera représenter ses pièces sur un théâtre nouvellement construit ou créé par lui, ne sera pas limité, pendant une durée de trois ans, pour le nombre de pièces ou reprises qu'il pourra jouer de lui sur cette scène ; mais il restera toujours soumis aux autres conditions prévues pour le cas précédent. En cas de vente ou cession, son successeur ne bénéficiera pas de cette faveur.

THÉÂTRES COOPÉRATIFS

Si plusieurs auteurs prennent en commun la direction d'une entreprise théâtrale, ils seront soumis individuellement à toutes les obligations stipulées pour les théâtres anciens. Toutefois, une exception sera faite pour les associations coopératives d'auteurs qui, par leurs statuts, s'engageront à jouer un minimum de six spectacles inédits par an. Ces auteurs pourront être exonérés par la Commission du 1 0/0 supplémentaire pour toutes les pièces qu'ils feront représenter dans ce théâtre, mais à la condition qu'ils ne soient pas joués plus d'une fois par année théâtrale.

Art. 17 *bis.*

Les membres de la Société, soit en qualité d'auteurs de scénarios de films cinématographiques, soit en qualité d'adaptateurs d'œuvres dramatiques oulittéraires, soit qu'il s'agisse pour eux d'autoriser ces scénarios ou adaptations, soit encore de faire acte quelconque comportant un droit d'auteur, ne pourront passer ou conclure aucun traité avec les fabricants ou exploitants de films cinématographiques sans avoir au préalable soumis ces traités à l'approbation de la Commission par l'intermédiaire des Agents directeurs. Les dispositions des paragraphes 2, 5, 6, 7, 8, 9, 10 de l'article 17 seront applicables aux auteurs des œuvres ci-dessus ; cependant le droit supplémentaire prévu au paragraphe 6 sera fixé par la Commission.

Dès que la Société aura passé des traités généraux avec les fabricants ou exploitants de films cinématographiques, et sur une simple délibération de la Commission, le présent article et toutes dispositions visant le contrôle de la Commission sur les traités particuliers au sujet du cinéma, n'ayant plus d'objet, cesseront de produire effet de plein droit et l'ensemble des dispositions de l'article 17 deviendra applicable.

Art. 18.

Les actes de ventes, faites par les Membres de la Société de tout ou partie de leur répertoire, devront être dressés sur des feuilles portant les formules arrêtées par la Commission et qui seront délivrées par les Agents directeurs. Dans tous les cas, le prélèvement attribué à la Caisse sociale sera perçu intégralement.

Toute convention passée directement ou par cessionnaire interposé est interdite en France aux Membres de la Société avec toute entreprise théâtrale n'ayant pas de traité général avec la Société.

L'Auteur conservera toujours, dans la limite des traités généraux, le droit d'interdire la représentation de son OEuvre à Paris, *dans les départements et à l'étranger.*

Art. 19.

Des Agents directeurs.

La Commission des Auteurs est autorisée à choisir au nom de la Société deux mandataires qui, sous le nom d'Agents directeurs, seront chargés : 1° de faire exécuter toutes les décisions prises par la Commission ; 2° de percevoir à leurs frais et risques, et en qualité de mandataires ordinaires, les droits d'Auteurs sur les ouvrages représentés à Paris, dans les départements, à l'étranger, partout enfin où la perception peut ou pourra s'exercer légalement en vertu de traités généraux passés avec la Société, ou en vertu de traités passés avec des particuliers et contractés par l'entremise de la Société à l'étranger dit Extraordinaire ; ou encore en vertu des traités particuliers passés par les Auteurs en exécution de l'article 17 *bis*, avec l'approbation de la Commission ; 3° de choisir sous leur responsabilité, mais avec l'agrément de la Commission, les Agents correspondants en province et à l'étranger.

Périodiquement (c'est-à-dire chaque mois) les Agents directeurs arrêteront les comptes des Auteurs, leurs clients, et leur délivreront des mandats contenant l'indication :

1° De l'intégralité des droits d'auteur perçus pour eux;

2° Du chiffre de la remise consentie aux Agents directeurs;

3° Du chiffre du pourcentage prélevé par la Société.

Ces mandats de paiement seront présentés au Caissier principal qui en versera le montant aux Auteurs, sous la retenue des sommes indiquées aux paragraphes 2 et 3 ci-dessus.

Il est interdit aux Agents directeurs *de faire acte d'auteur, de se rendre acquéreurs de pièces de théâtre ou de répertoires, comme aussi de conserver la propriété de pièces ou de répertoires, qui pourraient leur échoir dans l'avenir par succession, legs, ou donation entre vifs,* d'être associés, commanditaires ou intéressés à un titre quelconque dans aucune direction théâtrale, de prendre l'initiative de la réception par les théâtres d'aucune pièce ancienne ou nouvelle, les dits Agents directeurs n'étant autorisés à assister leurs clients qu'après la réception des ouvrages et pour la rédaction des conventions particulières, s'il y a lieu; en un mot, de faire aucune opération contraire aux intérêts généraux des Auteurs et à la loyale exécution du mandat qui leur est confié.

L'Agent qui aura contrevenu aux dispositions ci-dessus sera passible, pour chaque infraction, d'une amende de 500 à 6.000 francs au profit de la Caisse de Secours.

Les Agents directeurs sont responsables de leurs sous-agents et employés.

Au cas où l'un de ces sous-agents se serait mis en faute et à défaut par l'Agent directeur d'avoir pris à son égard une sanction suffisante, la Commission aura le droit d'exiger soit la révocation du sous-agent, soit une amende au profit de la Caisse sociale.

Art. 20.

MM. Alfred Bloch et Marcel Ballot sont choisis en qualité de mandataires de la Société sous le titre d'Agents directeurs.

Ils devront fournir, en garantie de tous faits de gestion, un cautionnement dont la quotité, la nature et le dépôt seront déter-minés par la Commission.

Ils ne pourront percevoir ou faire percevoir les droits que pour les membres seuls de la Société ou pour la Caisse sociale. En conséquence, tous les droits perçus en vertu des traités faits par la Commission appartiendront intégralement aux Membres de la Société ou à la Caisse sociale.

ART. 21.

Du Contrôleur général et du Caissier principal.

La Commission des Auteurs est autorisée à choisir au nom de la Société un Contrôleur général et un Caissier principal.

Le Contrôleur général est chargé de :

1° Contrôler, surveiller et vérifier conjointement avec un expert comptable la comptabilité du Caissier principal, s'assurer de l'existence des fonds touchés pour tous droits d'auteurs ou toutes autres causes, faire un rapport écrit sur le résultat de chacune de ces vérifications et se tenir à la disposition des Auteurs autorisés par la Commission pour faire la vérification de leurs comptes personnels ;

2° Accomplir auprès des Administrations publiques ou privées et des Agents de change les formalités pour arriver au remboursement des obligations ou titres sortis aux tirages, en faire le remploi, comme aussi faire toutes acquisitions ou emplois de fonds en titres nominatifs, ou leur aliénation, le tout après délibération spéciale de la Commission ;

3° Rédiger et publier l'Annuaire, et veiller à la garde des Archives et de la Bibliothèque.

Le Caissier principal est chargé de tenir les écritures et la comptabilité de la Société, acquitter les mandats signés par le Trésorier, payer aux Auteurs, sur présentation, les mandats délivrés par les Agents directeurs, recevoir directement par les encaisseurs de Paris et de banlieue et les sous-agents de province et de l'étranger, tous les fonds et droits perçus soit à Paris, soit en province ou à l'étranger. Ces encaisseurs ou sous-agents, en transmettant les fonds au Caissier principal, adresseront en même temps, aux Agents directeurs un avis de versement auquel ils adjoindront un état récapitulatif indiquant le montant des droits perçus, leur origine et les pièces justificatives et comptables.

Les traitements du Contrôleur général et du Caissier principal sont fixés par la Commission et portés aux frais généraux.

M. Séraphin Bianchini est nommé Contrôleur général et M. Chosson, Caissier principal.

Art. 22.

Des Assemblées générales.

L'Assemblée générale se compose :

1° De tous les Sociétaires investis du droit de vote ;

2° Des délégués régulièrement mandatés par les stagiaires professionnels ;

3° Des délégués régulièrement mandatés par les héritiers.

Tous les ans, les Sociétaires investis du droit de vote *et les délégués régulièrement mandatés par les Stagiaires professionnels et les héritiers* seront réunis en Assemblée générale au jour indiqué par la Commission et à sa requête.

Dans le cours de l'année, des Assemblées générales extraordinaires pourront avoir lieu en vertu des délibérations de la Commission et à sa requête.

Des Assemblées générales, mais pour un objet spécial, pourront être convoquées sur la demande faite par écrit à la Commission et signée d'au moins vingt Sociétaires ayant le droit de vote.

Les Assemblées générales sont présidées par le Président ou l'un des Vice-Présidents de la Commission ; les Membres de la Commission composent le bureau de l'Assemblée générale. A défaut des dits Président et Vice-Présidents, un des Membres de la Commission, désigné par elle, présidera l'Assemblée.

Les délibérations sont inscrites et signées sur un registre par le Président et le Bureau.

L'Assemblée générale statue sur toutes les questions qui lui sont soumises par la Commission ; elle vote des fonds extraordinaires s'il y a lieu ; elle décide le partage des bénéfices aux termes de l'article 8 ; elle apure et approuve les comptes annuels ; elle vote par assis et levé à la majorité des Membres présents, sauf les cas prévus aux articles 8, 24 et 25 ; le vote a lieu au scrutin secret s'il est réclamé par vingt Membres de l'Assemblée.

L'Assemblée générale procède à l'élection des Membres de la Commission. Le vote a lieu au scrutin de liste, à la majorité absolue pour le premier tour de scrutin et ensuite à la majorité relative.

Toutes les questions qui pourraient être proposées à l'Assemblée générale devront avoir été soumises quinze jours d'avance au moins à la Commission qui les inscrira à l'ordre du jour.

Toute décision prise en Assemblée générale ne pourra être cassée ou modifiée que par une nouvelle Assemblée générale.

Art. 22 *bis*.

Tous les quatre ans, il sera procédé, par voie de tirage au sort, à la répartition des Sociétaires en quatre groupes intitulés : groupe d'études pour Paris, groupe d'études pour la Province, groupe d'études pour l'Étranger, groupes d'études administratives, un cinquième groupe, dit de la musique, comprend les Compositeurs de musique et les Auteurs de poèmes et de livrets.

Avant d'adopter définitivement une des réformes ou modifications prévues à l'avant-dernier paragraphe de l'article 15, la Commission devra réunir celui ou ceux des groupes dans les attributions desquels rentreraient la ou les questions à résoudre.

Les groupes ainsi réunis seront présidés par un Membre de la Commission et exprimeront leur avis à titre consultatif.

Art. 23.

La Société ne sera pas dissoute par la mort, l'interdiction, la mise sous conseil judiciaire, la faillite ou la déconfiture, l'exclusion ou la retraite consentie ou prononcée de l'un ou de plusieurs des Membres de la Société ; elle continuera avec les autres Associés.

Les produits des retenues, que tout Membre qui cessera de faire partie de la Société aura versées en exécution de l'article 10, ainsi que sa part dans l'actif social, s'il était Sociétaire, seront acquis à la Société.

Art. 24.

Toutes modifications au présent acte pourront être proposées en Assemblée générale; elles devront être votées ou consenties par adhésions postérieures par les deux tiers des associés ayant le droit de vote.

Art. 25.

A l'expiration de la Société, la liquidation sera opérée par la Commission alors en fonctions, assistée des Agents directeurs et du Contrôleur général, suivant le mode qui sera réglé par l'Assemblée générale.

Art. 25 *bis*.

Les Membres de la Société des Auteurs et Compositeurs dramatiques s'interdisent de faire partie de groupements quelconques ayant tout ou partie du même objet social que la Société.

Trente jours après une sommation restée sans effet, la Commission devra d'urgence convoquer une Assemblée générale aux fins de prononcer l'exclusion du ou des contrevenants.

Art. 26.

Chaque infraction au présent acte rendra le contrevenant passible d'une indemnité qui ne pourra être moindre de *2.000* francs, ni supérieure à *100.000* francs.

Cette indemnité sera réglée par arbitres, dans les termes de l'article *27*.

En cas d'infraction à l'article 17, l'indemnité ne pourra être moindre de *12.000* francs, en plus de la somme totale des droits d'Auteurs perçus qui sera acquise de plein droit à la Caisse sociale.

Le recouvrement des indemnités sera fait à la diligence des Agents directeurs, par toutes les voies de droit, notamment par la

retenue des droits d'Auteurs, nonobstant tous transports ou opposi-
tions postérieurs aux présentes, qui vaudront comme transport
anticipé. Tous pouvoirs sont donnés par les signataires à MM. les
Agents directeurs pour opérer cette retenue et en verser le montant
à la Caisse sociale.

Le contrevenant pourra être exclu de la Société par une délibération de l'Assemblée générale; dans ce cas, les dispositions de
l'article 23 seront en outre encourues de plein droit.

Pourra être également exclu de la Société par une délibération
de l'Assemblée générale, tout Membre qui, depuis son admission,
se sera placé dans le cas d'indignité reconnue.

Art. 26 *bis*.

Tout Membre exclu de la Société pour un motif quelconque ne
pourra être réintégré que par une Assemblée générale à la majorité
des deux tiers des membres présents et en qualité d'adhérent.

S'il devient ensuite stagiaire, il ne pourra, en aucun cas, bénéficier de la disposition contenue dans la deuxième phrase du paragraphe 3 de l'article 15.

Les droits qu'il aura touchés dans le passé ne compteront pas
pour le cens nécessaire à sa nouvelle admission au stage ou au
Sociétariat.

Il est bien entendu que la somme totale des droits perçus en
vertu du traité forfaitaire pendant la durée de son exclusion restera
acquise à la Caisse sociale.

Art. 27.

Toutes les contestations relatives aux infractions au présent
acte ou toutes autres qui pourront s'élever entre les Membres de la
Société durant le cours de la Société et pendant sa liquidation, à
l'occasion d'icelle, seront jugées par trois arbitres amiables compositeurs, sans appel, et choisis par les parties; si les parties ne
s'accordent pas sur le choix des arbitres, ils seront nommés d'office
par le Président du Tribunal civil, sur simple requête.

En cas d'infraction à l'article 17 *bis*, le contrevenant sera passible d'une indemnité au profit de la caisse sociale, indemnité qui sera du quart des droits stipulés au profit de l'Auteur.

ART. 28.

La Société se compose de six catégories d'associés :
1° Les Sociétaires ;
2° Les Stagiaires :
3° Les Adhérents :
4° Les Héritiers adhérents ;
5° Les Cessionnaires adhérents ;
6° Les Auteurs et Compositeurs étrangers.

§ 1. — Sociétaires.

Sont de droit Sociétaires, sauf le cas d'indignité reconnue, tous les Membres de la Société constituée par acte passé devant M⁰ Thomas, notaire à Paris, le 18 novembre 1837 et jours suivants, et modifié par acte devant M⁰ Garanger, notaire à Paris, le 17 mars 1904 et jours suivants, à la condition pour chacun d'eux de faire apport à la Caisse sociale de la présente Société de sa part dans la liquidation de l'ancienne Société, ainsi qu'il en a été décidé par l'Assemblée générale du 27 avril 1878 ;

Cette part se compose : 1° d'une somme de quatre cents francs provenant d'une première répartition du fonds social de l'ancienne Société ; 2° de la somme qui reviendra au Sociétaire à la fin de ladite liquidation et qui est, dès à présent, évaluée à cent cinquante francs pour la perception des droits d'enregistrement.

Tout membre de l'ancienne Société qui se sera retiré d'icelle en emportant sa part de liquidation, ne pourra faire partie de la présente Société, à quelque titre que ce soit, qu'à la condition de faire un apport double de la somme qu'il aura reçue en conséquence de ladite liquidation.

A l'avenir, tout Auteur ou Compositeur qui voudra faire partie de la présente Société, à titre de Sociétaire, devra se faire présenter par deux parrains sociétaires et adresser une demande écrite à la Commission qui aura pleins pouvoirs pour prononcer sur cette demande au nom de la Société dans les termes de l'article 15, paragraphe 3.

Le candidat devra d'abord justifier d'un minimum de huit actes sans collaborateur ou dix-huit actes pour sa part proportionnelle de collaboration telle qu'elle résulte de la répartition de droits indiqués sur le bulletin de déclaration ou bien d'une somme de droits d'Auteur fixée annuellement par la Commission.

Le candidat compositeur devra justifier d'un minimum de cinq actes comprenant au moins une pièce en trois actes ou d'une somme de droits d'Auteur fixée annuellement par la Commission.

Le candidat uniquement joué dans les music-halls ou établissements similaires devra justifier de vingt-cinq actes sans collaborateur où de cinquante actes en collaboration, et, s'il n'a fait que des revues, de trois revues sans collaborateur ou six revues en collaboration, ou d'une somme de droits d'Auteur fixée annuellement par la Commission.

Les auteurs de films devront justifier d'une somme de droits qui sera fixée annuellement par la Commission.

La Commission aura plein pouvoir pour juger chacun des éléments soumis à son appréciation par les candidats.

Est également obligatoire un apport de quatre cents francs en espèces, apport constitué déjà par les Membres de l'ancienne Société, suivant acte reçu par Mᵉ Thomas et son collègue, notaires à Paris, le 21 février 1879.

Cet apport sera effectué par voie de retenue sur les droits d'Auteurs comme suit : 1° il sera tenu compte à l'auteur du pourcentage prélevé aux termes des présents Statuts depuis le jour où la perception a commencé pour lui; 2° il sera fait, à partir du jour de son admission, un prélèvement supplémentaire et temporaire de cinq pour cent sur tous ses droits d'Auteur.

Lorsque ces deux prélèvements réunis auront atteint le chiffre de quatre cents francs, le nouveau Sociétaire pourra prendre part aux Assemblées générales et ses droits n'auront plus à supporter que le pourcentage normal stipulé en l'article 6.

Tous pouvoirs sont donnés, par le seul fait de l'adhésion aux présents Statuts, à MM. les Agents directeurs et au Caissier principal, pour opérer cette retenue et la verser à la Caisse sociale.

§ 2. — Stagiaires.

Tout Auteur ou Compositeur nouveau qui ne sera pas encore dans les conditions du Sociétariat, pourra être admis à faire partie de la Société comme Stagiaire.

Il devra ensuite présenter sa demande par écrit à la Commission.

Il devra justifier de trois actes sans collaborateur ou de six actes en collaboration représentés soit à Paris, soit en province, et d'une somme de droits d'Auteur fixée annuellement par la Commission.

Le candidat uniquement joué dans les musics-halls ou établissements similaires devra justifier de six actes sans collaboration ou de douze actes en collaboration et d'une somme de droits d'Auteur fixée annuellement par la Commission.

La Commission aura pleins pouvoirs pour prononcer définitivement sur la demande du candidat.

Il devra présenter sa demande par écrit à la Commission, qui aura pleins pouvoirs pour prononcer sur cette demande.

Le Stagiaire jouira des avantages de la perception, de la protection de la Société et sera soumis aux mêmes obligations que les Sociétaires.

Les Stagiaires professionnels ont le droit de se faire représenter aux Assemblées générales par un délégué pour cent membres. Toute fraction supplémentaire de plus de cinquante membres sera représentée également par un délégué. Chacun de ces délégués aura voix délibérative et consultative.

§ 3. — Adhérents.

Tout Auteur ou Compositeur nouveau qui ne sera pas encore dans les conditions requises pour la qualité de Stagiaire pourra être admis à faire partie de la Société comme Adhérent.

Il devra présenter sa demande par écrit à la Commission qui aura pleins pouvoirs pour prononcer sur cette demande.

L'Adhérent jouira des avantages de la perception, de la protection de la Société et sera soumis aux mêmes obligations que les Stagiaires et les Sociétaires.

§ 4. — Héritiers adhérents.

Au décès d'un Auteur sociétaire ou stagiaire, son héritier devra demander par écrit, son admission dans la Société.

Il jouira des mêmes avantages et sera soumis aux mêmes obligations que les Stagiaires.

Dans le cas où il y aurait plusieurs héritiers d'un même Auteur, ils seront tenus de désigner un mandataire unique auquel ils auront donné tout pouvoir à l'effet de les représenter dans leurs droits ou obligations vis-à-vis de la Société, notamment d'adhérer en leur nom aux statuts de la Société, d'autoriser le répertoire de toucher les droits de leur Auteur des mains de l'Agent général, etc.

Dans les cas où des circonstances exceptionnelles rendraient impossible l'exécution du présent article, il en sera référé à la Commission qui statuera.

Les héritiers adhérents ont le droit de se faire représenter aux Assemblées générales dans la proportion de un délégué par trois cents successions ouvertes. Toute fraction supplémentaire de plus de cent cinquante successions ouvertes sera représentée également par un délégué.

§ 5. — Cessionnaires adhérents.

Les Cessionnaires qui voudraient jouir des avantages de la perception et de la protection de la Société devront remplir les mêmes formalités que les Héritiers et seront soumis aux mêmes obligations.

§ 6. — Auteurs et Compositeurs étrangers.

Les Auteurs et Compositeurs dramatiques des nations étrangères, autres que les pays de langue française, qui seraient admis dans l'avenir à faire partie de la Société comme adhérents, stagiaires professionnels et sociétaires, jouiront des mêmes droits et avantages que les Auteurs et Compositeurs français, sauf qu'ils n'auront pas, le droit de vote aux Assemblées, et qu'ils ne seront pas éligibles aux fonctions de Commissaires.

Toutefois, les Auteurs dramatiques admis à faire partie de la

Société à raison d'œuvres originales écrites en langue française, sont assimilés aux Auteurs des pays de langue française.

ART. 29.

En cas d'admission, les nouveaux Associés des *six* catégories signeront, suivant les formules arrêtées par la Commission, leur adhésion sur des feuilles qui seront détachées d'un livre à souche.

Ces feuilles seront déposées, pour minutes, à la suite du présent acte de Société.

ART. 29 *bis*.

Toutes les dispositions des présents statuts, quelle que soit l'expression employée par le texte, même lorsqu'il ne parle que de théâtre, s'appliquent à toute entreprise quelconque de spectacle public visée par la loi du 13 janvier 1791 et l'article 428 du Code pénal.

IMPRIMERIE CHAIX, RUE BERGÈRE, 20, PARIS. — 1853{-12-20. — (Encre Lorilleux).